돌 하나에 웃었다 울었다
역사 속 **바둑** 이야기

돌 하나에 웃었다 울었다
역사 속 **바둑** 이야기

설흔 글 | 최미란 그림

스콜라

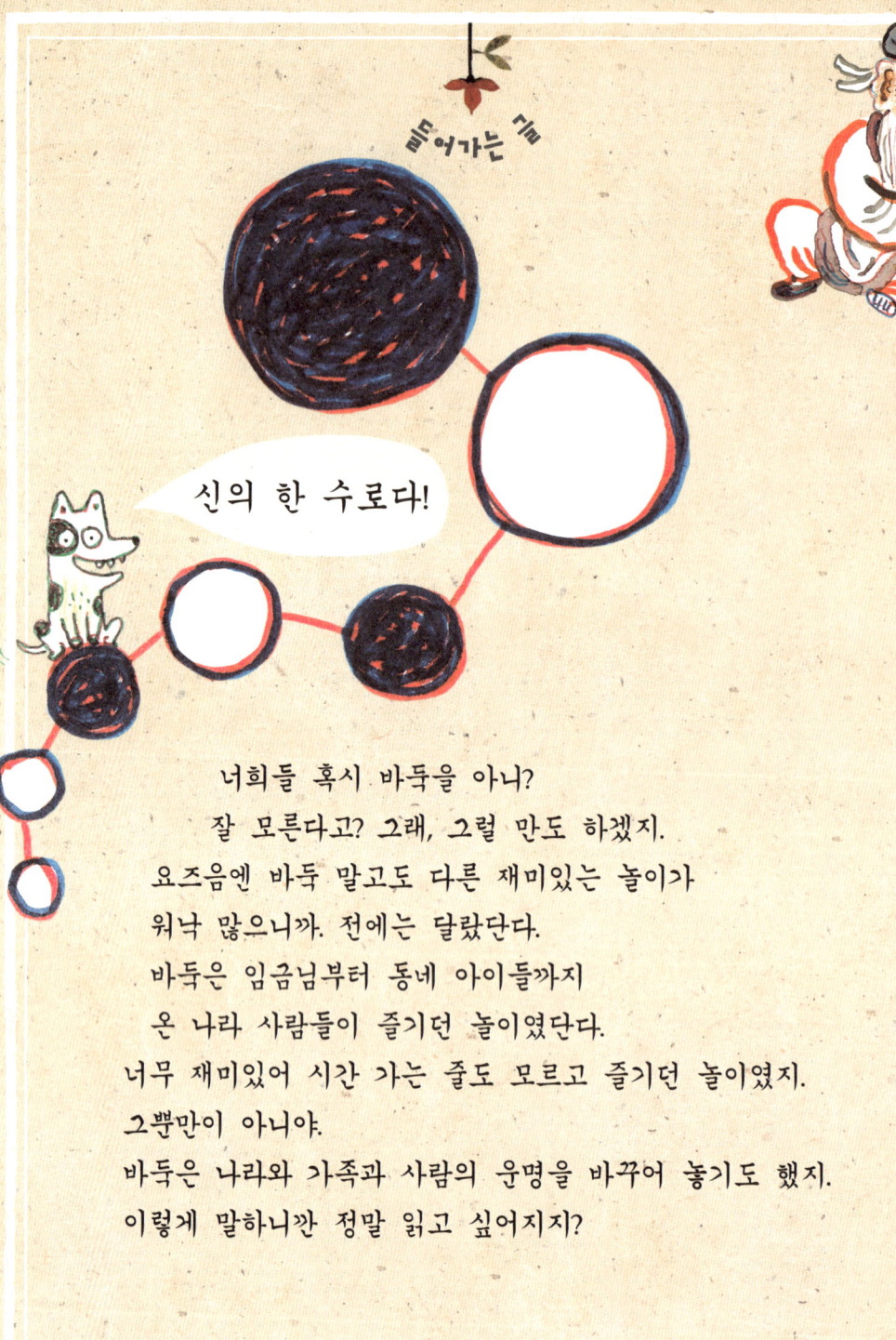

들어가는 글

신의 한 수로다!

　　　너희들 혹시 바둑을 아니?
　　잘 모른다고? 그래, 그럴 만도 하겠지.
　요즈음엔 바둑 말고도 다른 재미있는 놀이가
　워낙 많으니까. 전에는 달랐단다.
　바둑은 임금님부터 동네 아이들까지
　온 나라 사람들이 즐기던 놀이였단다.
너무 재미있어 시간 가는 줄도 모르고 즐기던 놀이였지.
그뿐만이 아니야.
바둑은 나라와 가족과 사람의 운명을 바꾸어 놓기도 했지.
이렇게 말하니깐 정말 읽고 싶어지지?

알고 싶어서 혀가 저절로 날름거리지?
'바둑이 뭐기에?' 하는 생각이 절로 들지?
자, 읽을 준비가 됐으면
얼른 책장을 넘겨 보렴.

차례

들어가는 글 **신의 한 수로다!** 4

첫 번째 이야기
바둑 때문에 망한 임금님 8

이야기 속 역사 읽기
백제와 고구려는 왜 사이가 나빴을까?

두 번째 이야기
바둑 덕분에 왕자님과 친해진 신하 32

이야기 속 역사 읽기
약속을 어긴 것 때문에 정말 잣나무가 시들었을까?

세 번째 이야기

내기 바둑으로 아내 잃을 뻔한 상인 52

이야기 속 역사 읽기
벽란도는 국제 상인이 드나드는 국제항이었어

네 번째 이야기

조선 제일의 바둑 고수는 누구? 78

이야기 속 역사 읽기
조선 시대 바둑 고수는 슈퍼스타였을까?

역사 이야기를 좋아하는 아이들만 보는 **역사 퀴즈** 100

아직도 **역사 공부**가 더 하고 싶다면 101

역사 용어 풀이 102

첫 번째 이야기

바둑 때문에 망한 임금님

내가 너희한테 하려는 이야기는 굉장히 오래전 이야기란다.
얼마나 오래 되었느냐 하면 천오백 년도 더 되었단다.
천오백여 년 전, 우리나라는 여러 나라로 갈라져 있었어.
북쪽에는 고구려, 서쪽에는 백제, 동쪽에는 신라가 있었지.
백제와 신라 사이에는 가야도 있었어.
이 이야기는 백제에서 일어난 이야기야.
아니, 실은 꼭 백제 이야기만은 아니기도 하지.
무슨 말이냐고? 그건 말이야, 이야기 속에
백제 사람이 아닌 사람도 등장하거든.

백제

개로왕(?~475년)
백제 제21대 왕

도림(?~?년)
고구려의 첩자

문주왕(?~477년)
백제 제22대 왕.
개로왕의 아들

어느 날 한 스님이 백제의 개로왕을 찾아왔어. 스님은 개로왕에게 자신을 이렇게 소개했어.
　"소승의 이름은 도림이라고 합니다."
　개로왕은 스님에게 별 관심이 없었어. 그래서 심드렁하게 물었지.
　"그런데? 뭐 잘하는 게 있소?"
　"소승은 어릴 때부터 바둑을 배워 제법 신묘한 경지에 이르렀지요. 그 솜씨를 한번 보여 드리고자 찾아왔습니다."

바둑? 스님의 말 한 마디에 개로왕의 귀가 번쩍 뜨였어. 개로왕은 바둑을 무척 좋아했거든. 한가한 시간이면 바둑 잘 두는 이를 불러 바둑을 두었고, 심

지어 신하들과 내기 바둑을 즐기기도 했지. 대부분은 개로왕이 이겼어. 개로왕의 실력이 그만큼 뛰어나서일까? 글쎄, 잘 모르겠다. 아무튼, 그러니까, 도림은 사람을 제대로 찾아왔단 말씀이지.

개로왕은 곧바로 바둑판 앞에 앉아 도림과 바둑을 두었어. 하지만 이게 웬일이니?

개로왕은 이를 한 번 갈고는 한 번 더 두자고 말했지. 결과는 똑같았어. 세 번, 네 번을 두었지만 결과는 바뀌지 않았어. 개로왕은 계속 빠득빠득 이를 갈며 바둑을 두었지만 한 번도 이기지 못했어.

개로왕은 마침내 도림의 실력을 인정했지.

"그대의 실력은 과연 국수라고 할 만하군. 그런데 도림이라…… 이렇게 바둑을 잘 두는 사람이면 소문

국수 한 나라에서 바둑을 가장 잘 두는 사람을 부르는 말이에요.

이 자자할 터인데, 처음 듣는 이름이군. 그대는 어디에서 왔소?"

"고구려에서 왔습니다."

'고구려?'

개로왕의 얼굴이 갑자기 붉어졌어. 그럴 수밖에. 그 당시 고구려와 백제는 치열하게 전쟁을 벌이는 중이었거든. 고구려는 백제의 적이었어.

개로왕이 성난 목소리로 물었어.

"고구려 사람이 감히 어찌 여기에 왔는가?"

도림이 엎드려 울먹이며 말했어.

"소승은 누명을 쓰고 고구려에서 쫓겨났습니다. 고구려라는 말만 들어도 이가 갈릴 지경입니다."

그 말을 들은 개로왕은 잠시 생각에 잠겼어.

'도림의 말을 믿어도 좋을까?'

개로왕은 도림을 유심히 보았어. 바닥에 납작 엎드린 도림은 달달 떨고 있었지. 체구가 작은 데다 용모도 볼품이 없었어. 아무리 보아도 거짓말을 할 만큼 간 큰 사람처럼 보이지 않았어.

개로왕은 바둑판을 한 번 봤어. 그리고 다시 한 번 도림을 봤어.

결국 개로왕은 이렇게 말했어.

"그대를 내 손님으로 받아들이겠다."

다음 날부터 개로왕은 틈날 때마다 도림과 바둑을 두었어. 도림은 바둑도 잘 두었지만 아는 것도 참 많았어. 개로왕은 바둑을 두면서 고구려에 관한 것을 넌지시 물어보았지.

"요즈음 고구려 사정이 어떤가?"

도림이 고개를 절레절레 내저었어.

"엉망진창입니다. 고구려 왕은 자기가 잘 먹고 잘 사는 일에만 관심이 있습니다. 얼마 안 가 고구려는 망할 겁니다."

"그런가?"

"네."

도림은 조금도 막힘없이 고구려에 대해 나쁜 말을 했어. 개로왕은 겉으로는 아무렇지도 않은 척 고개를 끄덕였지만 속마음은 조금 달랐어.

'도림은 고구려를 정말로 미워하는군.'

그러던 어느 날 밤이었어. 그날따라 바둑을 두는 도림의 얼굴이 유난히 어두워 보였지. 그런 탓인지 도림은 실수도 여러 번 저질렀어.

개로왕은 더 참지 못하고 도림에게 물었어.

"오늘따라 실수가 많구려. 무슨 근심이라도 있소?"

도림은 이렇게 대답했어.

"근심은요, 고구려 출신인 저를 내치지 않고 이렇게 환대해 주시니 고마울 뿐이지요."

"그런데 왜 얼굴이 그렇게 어둡소?"

"그것은…… 드릴 말씀이 있기 때문입니다."

"무슨 말인데 그러는 것이오?"

"이 나라를 위해 하고픈 말이 있습니다. 그런데 제가 고구려 출신이다 보니 괜한 소리를 한다 생각하실 것 같아서……."

"그대가 고구려를 싫어하는 마음 잘 알고 있소."

"그래도……."

"일단 말이나 해 보시오. 판단은 내가 할 테니."

개로왕의 말에 도림이 감격한 얼굴로 말했어.

"이 나라는 산과 강, 바다로 안전하게 둘러싸여 있으니 하늘이 마련해 준 요새라 할 만합니다. 거기에 항상 나라를 생각하는 대왕의 마음까지 더해졌으니 고구려, 신라, 가야 따위와는 비교도 안 되지요."

개로왕은 흐흠, 헛기침을 했어. 조금 낯이 간지럽기는 했지만, 자신의 칭찬을 듣고 있자니 기분 나쁠 건 하나도 없었지.

"그런데 고구려에 견주어 단 하나 부족한 점이 있습니다."

'부족한 게 있다고?'

깜짝 놀란 개로왕은 눈을 크게 뜨고 물었어.

"그게 무엇이오?"

"궁궐이 너무 허름합니다. 어리석은 백성은 궁궐의 크기로 대왕의 능력을 평가합니다. 궁궐이 크고 아름다우면 '아, 우리 임금님은 덕이 크고 아름다우시구나!' 하고 감탄합니다. 궁궐이 허름하면 '아, 우리 임금님은 궁궐도 제대로 짓지 못할 정도로 힘이 없으시구나!' 하고 한탄합니다. 그러니 궁궐을 새로 지으시어 백성이 눈으로 임금님의 능력을 확인하게 만드십시오. 제가 드리고 싶은 말은 이 하나입니다."

 말을 마친 도림은 고개를 숙였어. 도림의 눈에서 흐르는 눈물을 보고 개로왕은 생각했지.

 '충신이로다. 아무도 내게 해 주지 않은 말을 고구려 사람인 도림이 하는구나.'

다음 날, 날이 밝자 개로왕은 신하들을 불러 명령을 내렸어.

"궁궐을 더 크게 지을 것이다. 선왕의 묘도 새로 단장하고, 성곽도 더 쌓고, 길도 새로 닦아라."

개로왕의 목소리가 워낙 커서 신하들은 아무 말도 하지 못했어. 하지만 개로왕의 아들 문주는 달랐어. 조금 꾸물거리기는 했지만 그래도 말을 꺼냈어.

"고구려가 언제 쳐들어올지 모르는 형편입니다. 병사들을 훈련시키고 무기를 갖추는 게 우선입니다."

개로왕은 문주를 보며 웃었어. 그러고는 이렇게만 말했지.

"다 생각이 있어서 그러는 거다. 나를 믿어라."

그로부터 이 년 뒤, 크고 아름다운 궁궐이 완성되

선왕 지금 임금님 전의 임금님을 부르는 말이에요.

었어. 개로왕이 원한 대로 웅장하고 화려한 멋진 궁궐이었지. 그러나 개로왕은 그 궁궐을 보고 기뻐할 틈도 없었어. 고구려가 쳐들어왔다는 소식이 들려왔

기 때문이야.

 몇 년 간 아무 일도 없던 터라 개로왕은 무척 당황했어. 서둘러 병사들을 모았지만 궁궐이며 선왕의

묘를 단장하는 등 각종 공사에 동원되었던 병사들은 잔뜩 지쳐 있었어.

저 멀리서 고구려군이 나타났어. 개로왕은 아들 문

주와 함께 궁궐을 둘러싼 성곽 높은 곳에 올라갔어.

아, 한숨부터 나왔어. 고구려군은 언뜻 보기에도 백제군의 몇 배는 되어 보였거든. 그런데 고구려 진영에 있던 누군가가 나오더니 개로왕에게 인사를 하는 게 아니겠어?

그 사람이 누군가 하면 바로 도림이었어. 얼마 전

부터 보이지 않아 이상하다고 생각했던 바로 그 도림이었지.

개로왕은 그제야 어떻게 된 일인지 깨달았지.

'도림은 고구려의 첩자였구나. 저런 도림의 말을 듣고 흥청망청 돈을 써 댔으니…….'

개로왕은 옆에 있던 문주에게 말했어.

"나 때문에 나라가 망하게 생겼구나. 너라도 여기를 빠져나가라."

문주는 고개를 숙였어. 아버지 곁에 있고 싶었지만 나라를 위해서는 어쩔 수가 없었지. 문주는 병사들을 약간 데리고 몰래 성을 빠져나갔어.

얼마 뒤 고구려군이 공격을 시작했어. 백제군은 오래 버티지 못했지. 개로왕이 사로잡히자 그것으로

전투는 싱겁게 끝났어.

　백제 출신이지만 고구려로 망명해 장군이 된 걸루는 개로왕을 꽁꽁 묶은 뒤 그 얼굴에 침을 뱉었어. 고구려군은 개로왕을 죽인 뒤, 고구려로 돌아갔지. 그중에는 물론 도림도 있었겠지.

　이것이 바로 바둑을 좋아하다 나라를 위태한 지경에 빠뜨리고 목숨까지 잃은 개로왕의 이야기란다. 바둑 좋아한 것치곤 대가가 좀 크지?

이야기 속 역사 읽기

백제와 고구려는 왜 사이가 나빴을까?

> 도림은 개로왕에게 나아가 이렇게 말했다.
> "신이 젊어서 바둑을 배워 자못 신묘한 경지에 이르렀습니다. 제 실력을 한번 보여 드리고자 합니다."
> 개로왕이 도림을 불러들여 바둑을 두어 보니 국수의 실력이었다. 개로왕은 도림을 늦게 만난 것을 한탄하고 손님으로 받아들였다.
>
> 『삼국사기』 중에서

바둑 좋아하다 나라를 위기에 빠뜨린 개로왕 이야기 잘 읽었지? 이 이야기를 더 잘 이해하려면 백제와 고구려의 관계를 알 필요가 있단다.

개로왕 시절에 두 나라의 관계는 무척이나 험악했어. 왜 그랬느냐고?

백여 년 전, 백제의 근초고왕은 주변 나라를 정복하고 한창 세력을 뻗어 나가던 정복 군주였어. 근초고왕은 고구려의 평양성을 공격했는데, 이를 막던 고구려의 고국원왕이 백제군이 쏜 화살에 맞아 그만 목숨을 잃고 말지.

고국원왕의 후손인 고구려왕들이 백제에 대해 어떤 마음을 품었을지는 내가 굳이 설명하지 않아도 되겠지?

고구려는 복수를 다짐했어.

그랬기에, 개로왕은 임금님이 된 뒤 고구려를 무척이나 경계했어. 고구려를 먼저 공격하는가 하면, 국경을 지키는 성을 보수하기도 했지.

한편, 고구려는 백제를 공격하기 위한 준비를 차근차근 갖추었어. 무력을 기르는 데 집중했지만, 개로왕의 경계를 무너뜨릴 방법도 궁리했단다. 그중 하나가 바로 도림을 백제에 첩자로 보내는 것이었어.

그 증거가 『삼국사기』에 나와 있어.

'백제왕 근개루(개로왕)가 바둑을 좋아하는 것을 알고'

이게 무슨 뜻이냐면, 고구려가 백제의 사정을 속속들이 알고 있었다는 뜻이야. 왕의 취미가 바둑이라는 것, 바둑이라면 정신을 못 차린다는 것까지 샅샅이 알고 있었다는 뜻이야.

고구려는 백제를 거의 무너뜨렸어

이렇듯 백제의 약점을 정확히 알고 있었으니 승패는 이미 갈린 것이나 다름없겠지? 고구려 장수왕은 대군을 이끌고 백제의 수도인 한성으로 향했어. 개로왕은 별다른 싸움도 해 보지 못하고 사로잡혀 목숨을 잃었지. 그 전에 성을 빠져나간 문주가 없었더라면 백제는 아예 멸망할 뻔했단다.

문주는 신라로 가서 원군 1만 명을 이끌고 돌아와 고구려군을 몰아냈지. 하지만 이미 때는 늦어 있었어. 개로왕은 죽고 한성은 파괴될 대로 파괴되고 말았으니까.

한성 오늘날의 몽촌토성 근처로 추정해요.
웅진 오늘날의 충청남도 공주 지역이에요.

결국 문주는 한성에서 웅진으로 수도를 옮겼고, 이때부터 백제의 힘이 크게 약해지고 말았단다.

한 가지 더 말하고 싶은 것은 백제 임금님들의 유별난 바둑 사랑이야. 일본 왕실의 유물을 보관해 놓은 정창원에는 백제의 마지막 왕인 의자왕이 보낸 나무 바둑판이 보관되어 있어. 바둑판 자체는 무척이나 아름답지만 바둑 때문에 개로왕이 목숨을 잃었던 사건을 생각하면 조금 씁쓸하기도 하지.

생각하는 역사왕
- 개로왕은 왜 도림을 전혀 의심하지 않았을까?

두 번째 이야기

바둑 덕분에
왕자님과 친해진
신하

통일 신라

고구려와 백제가 등장하는 바둑 이야기를 읽으면서
아마 몇몇 친구들은 이렇게 생각했을 거야.
'아하, 신라 사람들은 바둑을 두지 않았나 봐.
나라만 생각했나 보다.'
그렇지 않단다. 신라 사람들도 바둑을 열심히 두었단다.
그중에는 장차 임금님이 될 사람도 있었단다.
그런데 이 사람, 기억력이 굉장히 나빴던 것 같아.
기억력이 너무 나빠서 하마터면 나무를 말려 죽일 뻔했지.
기억력과 나무가 무슨 관계냐고?
바둑과는 또 무슨 관련이 있느냐고?
다 관련이 있다니까. 궁금하면 읽어 봐.

효성왕 (?~742년)
신라 제34대 왕

신충 (?~?년)
신라의 어진 신하

신라의 효성왕은 바둑을 무척 좋아했어. 언제부터 좋아했느냐 하면 임금님이 되기 훨씬 전부터 좋아했지. 임금님이 되기 전 태자였을 때부터 틈날 때마다 바둑을 두었어.

모르긴 몰라도 바둑을 굉장히 잘 두었나 봐. 궁궐로 바둑 잘 두는 사람들을 다 불러들여서 그 사람들을 차례차례 물리쳤으니까.

그러던 어느 날의 일이었어. 그날도 물론 태자는 바둑을 두었고, 이겼지. 바둑에서 진 사람이 고개를 끄덕거리더니 이렇게 물었어.

"혹시 신충과 두어 보셨습니까?"

"신충?"

"네, 지금 관리로 일하고 있지요."

신충? 처음 듣는 이름이었어.

태자는 옳다 싶어서 신충을 불렀어. 그리고 바둑을 두자고 하자 신충이 이렇게 말했어.

"저 잣나무 밑에서 두시면 어떻겠습니까?"

지금껏 태자는 실내에서만 바둑을 두었지. 하지만 신충의 말을 듣고 보니 밖에서 두는 것도 괜찮겠다는 생각이 들었어. 나무 밑이라 그늘도 있고, 또 바람도 적당히 부니 바둑 두는 기분이 좋을 것 같았어.

"좋소."

소문대로 신충은 바둑을 잘 두었어. 어느 정도로 잘 두었느냐 하면 태자에게 한 번 이기고 한 번 질 정도로 잘 두었어.

상대가 너무 세거나 너무 약하면 재미가 없기 마련이야. 하지만 두 사람의 실력은 가리기 어려울 정도로 비슷했어. 그러니 둘은 더 자주 바둑을 두었지. 그런데 신충은 바둑만 잘 두는 게 아니었어. 태자는 왕이 될 사람이었기에 나랏일에 관심이 많았어. 그래서 신충에게 이것저것 물어보았지. 그런데 신충은 뭘 물어도 똑 부러진 대답을 척척 내놓는 게 아니겠어?

그중에는 태자가 생각하지 못한 것도 꽤 있어서 태자는 그럴 때면 그저 "어, 어, 그렇구려." 하고 말았지.

그렇게 태자는 신충에게서 참 많은 것을 배웠어. 바둑은 물론이고, 왕이 되면 해야 할 일들까

지 참 많은 것을 배웠어. 그래서 태자가 어떻게 했는지 아니? 신충에게 이렇게 말했어.

"내가 왕이 되면 그대에게 높은 벼슬을 내리겠소."

신충은 이렇게 말했어.

"괜찮습니다."

신충이 그렇게 나오니, 왕은 더 크게 말했어.

"거짓이 아니오. 정말로 높은 벼슬을 내리겠소."

태자가 두 번이나 다짐했지만, 신충은 이번에도 그저 괜찮다고만 말할 뿐이었어. 답답해진 태자가 벌떡 일어나 잣나무를 가리키며 말했어.

"이 잣나무가 우리의 증인이 되어 줄 것이오."

신충은 잣나무를 바라보며 물었어.

"정말이시지요?"

태자는 잣나무를 살짝 쓰다듬으며 말했어.

"그렇소. 잣나무가 있는 한 내 말을 지킬 것이오."

신충은 태자에게 절을 하곤 이렇게 말했어.

"저 또한 온 힘을 다해 도와드리겠습니다."

그래서 어떻게 됐는지 아니? 신충은 자기 말을 지켰어. 태자와 바둑을 두면서 자기가 아는 것들을 다 알려 주었어. 태자는 고개를 끄덕이며 그 말들을 가슴에 새겼지.

그렇게 몇 달을 지낸 뒤 마침내 태자는 임금님이

되었어. 효성왕이 된 것이지.

　임금님이 된 효성왕은 나랏일을 하느라 정신이 없었어. 너무 바빠서 그 좋아하던 바둑도 둘 틈이 없었지.

　그러던 어느 날, 효성왕은 잠깐 틈을 내어 궁궐 안을 걸었어. 궁궐 안을 걷다가 이상한 것을 보았어. 그게 뭐냐 하면 바로 잣나무였어. 잣나무가 다 말라비틀어져 있는 거야.

　효성왕은 신하를 불러 물었어.

　"이 나무가 왜 이렇게 말랐느냐?"

"그것이……."

신하는 제대로 말을 잇지 못했어. 효성왕이 재촉하자 신하는 이렇게 말했어.

"그건 바로 노래 때문입니다."

"노래라고?"

효성왕은 신하에게 그 노래를 부르게 했어. 그 노래를 그대로 소개하면 무슨 말인지 알기 어려우니 쉬운 말로 풀어서 소개할게.

노래 노래 제목은 '원가'예요. 원망하는 노래라는 뜻이지요. 이와 같은 신라의 노래를 향가라고 부른답니다.

궁궐의 잣나무는 원래 가을에 시들지 않는 법.
임금님께서는 너를 어떻게 잊을까 하고 말씀하셨지.
하지만 그 마음은 달라지셨네.

효성왕은 그제야 그 노래를 누가 만들었는지 깨달았어. 바로 신충이었어. 자기와 바둑을 두며 좋은 말들을 많이 해 주었던 사람, 신충이 그 노래를 지은 거였어.

효성왕은 한숨을 쉬었어. 임금님이 되고 난 뒤 아주 바쁜 날들을 보냈어. 그러느라 신충과 했던 약속은 까맣게 잊어버렸던 거야.

　임금님은 신하에게 말했어.

　"신충을 불러와라."

　얼마 후 신충이 도착했어. 임금님은 신충에게 이렇게 말했어.

　"미안하오, 내 약속을 못 지켰소."

　신충은 아무 말도 하지 않았어. 임금님은 이렇게 말했지.

　"이제 그대에게 높은 벼슬을 내리겠소. 지금부터 내 곁에서 일하시오."

　신충은 그제야 고개를 숙이고 인사했어.

　"임금님을 열심히 돕겠습니다."

　신충은 말을 마치자마자 잣나무를 가리켰어. 효성

왕은 깜짝 놀랐어. 말라비틀어졌던 잣나무가 다시 생기를 찾은 거야. 효성왕은 다시 푸르러진 잣나무를 보며 말했어.

"오래간만에 바둑이나 두는 게 어떻겠소? 나랏일에 대한 이야기도 들어 보기로 하고."

그렇게 두 사람은 다시 잣나무 밑에 앉아 바둑을 두었단다. 그 바둑에서 누가 이겼는지 나는 모르겠어. 어쩌면 꽤 여러 판을 두었는지도 모르겠어. 오랜만에 만난 사람들끼리는 할 말도 많은 법이니까.

아무튼, 이것이 바로 기억력이 나빠 잣나무를 말려 죽일 뻔했던 임금님의 이야기란다.

이야기 속 역사 읽기

약속을 어긴 것 때문에 정말 잣나무가 시들었을까?

> 효성왕은 임금님이 되기 전에 어진 선비 신충과 대궐 뜰의 잣나무 밑에서 바둑을 두곤 했다. 어느 날 효성왕이 신충에게 이렇게 말했다.
> "나중에도 그대를 잊지 않겠소. 저 잣나무가 바로 증거요."
> 신충이 일어나서 절했다.
>
> 『삼국유사』 중에서

약속에 따라 시들었다 푸르러진 궁궐의 잣나무라니, 정말 신기하지 않니? 이 이야기를 읽으면 나무 또한 옳고 그른 걸 구분할 줄 안다는 생각이 저절로 드는구나.

그런데 궁금한 점이 있어. 효성왕이 정말로 그렇게 기억력이 나쁜 사람이었을까? 자기가 했던 말을 까맣게 잊어버렸을 정도로 기억력이 나쁜 사람이었을까?

아마 그렇지는 않았을 거야. 임금님이 된 효성왕이 신충을 곁에 두지 못했을 만한 사정이 따로 있었을 거라는 말이지. 무슨 말인가 하면 효성왕은 권력이 그렇게 강한 임금님이 아니었다는 뜻이야. 그러다 보니 자기를 도와준 사람들에게 벼슬을 내리는 데에도 주위의 눈치를 많이 봤어야 했다는 뜻이야.

아마도 이 이야기는 그런 임금님의 상황을 비유적으로 에둘러 말한 것은 아니었을까 싶어.

신라 사람들의 바둑 사랑은 대단했어

다시 바둑 이야기로 돌아가면 그 당시 신라 사람들은 정말로 바둑을 좋아했던 것 같아. 『삼국사기』에 다음과 같은 기록이 나온단다.

> 당나라 황제는 신라 사람들이 바둑을 잘 둔다는 이야기를 듣고 바둑 고수 양계응을 신라에 보냈다. 하지만 신라 사람들은 그의 상대가 되지 못했다.
>
> 『삼국사기』 중에서

신라 사람들이 바둑을 무척 좋아하긴 했지만 당나라 고수의 상대가 되지는 못했다는 내용이야. 하지만 이 기록만으로 신라 사람들의 바둑 실력을 폄하해서는 안 될 것 같아.

왜냐고? 그것은 당시 신라와 당나라 사이의 관계 때문이야. 신라가 당나라와 손을 잡고 삼국을 통일한 지 아직 백 년도 지나지 않았지. 당나라를 막아 주던 고구려도 사라졌고, 당나라가 총력을 기울이면 신라 혼자서 맞서기엔 힘든 때였어.

그래서일까? 그 당시 신라는 당나라에 정성을 다했단다. 그런 마당이었으니, 바둑을 이겨 실력을 뽐내는 게 조금 마음에 걸렸을 수도 있어.

하지만 이건 내 생각일 뿐이란다. 실제로 어땠는지는 아무도 모르지.

아, 한 가지 더. 7세기 신라 귀족의 무덤에서 바둑돌이 나오기도 했대. 실력은 몰라도 신라 사람들의 바둑 사랑이 대단했다는 것을 알려 주는 또 다른 증거겠지?

생각하는 역사왕

- 신충은 왜 임금님을 원망하는 노래를 지었을까?

세 번째 이야기

내기 바둑으로 아내 잃을 뻔한 상인

고려

너희들 벽란도라고 들어 봤니?
벽란도는 고려에서 가장 번화한 항구였어.
왜 그랬느냐고?
물론 이유가 있어.
예성강 하구에 자리한 벽란도는
고려의 수도인 송도(지금의 개성)와 무척 가까웠어.
그런 까닭에 중국은 물론 일본, 동남아시아,
심지어는 아라비아의 상인들까지 드나들었지.
지금 하려는 이야기는 예성강 근처에 살았던
어느 상인에게 일어난 일이란다.

고려 상인 (?~?년)
벽란도의 상인

하두강 (?~?년)
송나라의 상인

고려 시대의 일이야. 송나라의 비단을 전문적으로 취급하는 한 상인이 있었어. 송나라 상인들에게 인삼을 주고 비단을 받아다가 이문을 약간 붙여 팔았지.

상인이 파는 비단은 다른 상인의 것에 비해 값도 싸고 품질도 좋았지. 사람들은 앞을 다투어 상인의 비단을 사 가곤 했단다. 상인은 꽤 많은 돈을 벌었고, 예쁜 아내와 결혼도 했어.

그런데 이 상인에게 문제가 생겼어. 심심풀이 삼아 바둑을 배운 뒤 전혀 다른 사람이 된 거야.

인삼 우리나라에서 생산되는 약재로, 약효가 뛰어나 일찍부터 많은 나라에 수출되었어요.

전에는 늘 싱글벙글 웃던 사람이 바둑에 지기만 하면 벌컥 화를 냈고, 한 푼 두 푼 아끼며 살던 사람이 내기 바둑에 큰돈을 아낌없이 걸었지. 어느 날인가는 그날 번 돈을 내기 바둑으로 다 날리기도 했지.

이렇게 내기 바둑에 빠져들어 가던 상인을 구한 건 아내였어. 그때까지 말없이 지켜보기만 하던 아내가 바둑 때문에 점점 변해 가는 상인을 더 참지 못하고 이렇게 말했어.

"또 내기 바둑을 두면 집을 나가겠어요."

아내의 말을 듣고서야 상인은 정신을 차렸어. 그래서 아내의 손을 잡고 약속했지.

"다시는 내기 바둑을 두지 않겠소."

그렇게 상인은 정신을 차리고 다시 비단 장사에 몰두했단다.

그즈음 송나라의 상인 하두강이란 이가 비단을 갖고 벽란도를 찾았어. 처음 찾은 벽란도는 생각보다 훨씬 더 시끌벅적했지. 정박한 배 주위엔 상인들이 가득했고, 항구 주변의 좌판을 구경하러 여인들이 여기저기서 몰려들었지.

고려의 거리를 구경하던 하두강은 문득 한 여인을 보고 깜짝 놀랐어.

'정말로 아름다운 여인이로군.'

여인은 좌판을 잠시 보다가 이내 발길을 돌려 가까이에 있는 상점으로 들어갔어. 하두강은 그 상점을 기억해 두었어.

다음 날, 하두강이 배에서 내리자 상인들이 몰려들었어.

"저에게 비단을 파세요."

"제가 더 높은 값을 쳐드리겠습니다."

하두강은 고개를 젓고는 곧장 어제 봐 두었던 상점으로 갔어.

상점 주인이 중국말로 인사를 하며 반갑게 하두강을 맞았지. 하두강은 인사는 받는 둥 마는 둥 하고 주위를 살폈어. 여인의 모습은 보이지 않고 대신 한 구석에 놓인 바둑판이 보였지.

하두강이 물었어.

"바둑을 좀 두십니까?"

상인은 바둑 이야기가 나오자 반색을 했어.

"그냥 뭐 심심할 때 두는 정도입니다."

"저하고 바둑 한 번 두시겠습니까?"

내기 바둑 때문에 아내한테 혼났던 상인은 잠깐 망설였어. 하지만 지금 두는 건 내기 바둑이 아니잖아? 얼른 좋다고 말하고는 바둑판을 꺼내 왔지. 바둑을 두다 보니, 바둑 도사인 하두강이 보기에 상인의 바둑 실력은 형편없었어. 그래도 하두강은 상인의 수준에 맞춰 바둑을 두면서 이렇게 말했지.

"바둑을 무척 잘 두시는군요."

"잘 두기는요. 내기 바둑을 두었다 크게 잃는 바람에 아내한테 혼쭐이 났습니다."

"어제 어여쁜 여인이 이곳으로 들어가던데, 그분이 부인이신가요?"

"네, 그렇습니다."

하두강은 욕심이 많은 사람이었어. 그는 바둑을 계

속 두면서 속으로 이런 생각을 했지.

'어떻게 하면 이 사람의 아내를 빼앗을 수 있을까?'

고민하던 하두강의 머릿속에 좋은 생각이 떠올랐어. 하두강은 일부러 바둑을 크게 졌어. 한 번도 아니고 세 번을 계속해서 크게 졌어. 그러고는 상인에게 이렇게 말했어.

"이런 또 졌군요. 내가 이 정도는 아닌데, 내기를 안 하고 두니까 영 실력이 안 나옵니다. 우리 내기 바둑을 두면 어떻겠습니까?"

상인은 아내 얼굴을 떠올렸어. 딱 잘라 거절했지.

"내기 바둑은 두지 않습니다."

하지만 하두강은 살살 상인을 꼬였어.

"내가 이기면 비단값에 인삼 한 근을 더 얹어 주

시지요. 내가 지면 비단 한 필을 더 얹어 드리겠습니다."

하두강의 제안에 상인은 고민을 했어.

'비단 한 필을 그냥 얻을 수 있는 기회로군. 이를 어쩐다? 보아하니 실력도 별로인데, 한번 해 볼까?'

그래도 아내와의 약속을 생각하니, 아무래도 안 되겠다 싶어 거절하려고 했어.

그때, 하두강이 새로운 제안을 했어.

"그럼 비단 두 필을 얹어 드리겠습니다."

그 말에 상인은 자기도 모르게 이렇게 대답하고 말았어.

"좋습니다."

마침내 내기 바둑이 시작되었어. 자, 둘 중 누가

이겼을까?

하두강이 이겼다고?

아니야.

상인이 이겼어. 이겨도 크게 이겼어.

하두강은 한숨을 쉬더니 새로운 제안을 했어.

"한 번 더 합시다. 이번에 지면 비단 네 필을 얹어 드리겠습니다."

상인은 신이 났어. 단박에 그러겠다고 했지. 이번에도 승패는 쉽게 갈렸어. 상인이 또 이긴 거야. 하두강은 포기하지 않고 계속 내기를 걸었지. 하지만 결과는 똑같았어. 몇 번을 더 진 하두강은 마침내 자리에서 일어났어.

상인이 싱글벙글 웃으며 물었어.

"이제 그만 하시려고요?"

"아무래도 제 실력이 모자란 것 같습니다."

하두강은 인사를 하고 몇 걸음 걸어갔다가 다시 돌아왔지.

"마지막으로 한 판만 더 두면 어떻겠습니까?"

상인은 냉큼 고개를 끄덕였어.

하두강은 이렇게 말했어.

"내 배에 있는 비단을 전부 걸 테니, 그쪽은 아내를 거시지요."

'아내를?'

상인은 잠시 고민했어. 하지만 고민은 길지 않았어. 하두강의 바둑 실력은 형편없었거든. 도저히 지고 싶어도 질 수가 없었어.

상인은 큰 소리로 대답했지.

"좋습니다."

상인은 기세 좋게 바둑을 두었어. 하지만 하두강의 바둑은 전과는 달랐어. 상인이 한 수를 둘 때마다 하두강은 더 좋은 수를 두었지.

얼마 지나지 않아 바둑은 돌이킬 수 없게 되었어. 상인은 악착같이 버텼지만 결국 이긴 건 하두강이었어. 상인의 얼굴은 새파랗게 질리고 말았지.

하두강이 비열하게 웃으며 말했어.

"아내를 내놓으시오."

하두강이 눈짓을 하자 주위에 있던 부하들이 움직였어. 그들은 항구를 뒤져 상인의 아내를 끌고 왔어. 아내는 바둑판을 보고 어찌 된 일인지 깨달았지.

아내는 울음을 터트렸어. 상인은 아내를 구하려고 달려들었어. 하지만 하두강 부하들의 발길질 세례를 못 이기고 쓰러져 정신을 잃었어.

한참 만에야 정신을 차린 상인은 하두강의 배를 향해 뛰어갔어. 하지만 소용없었어. 하두강의 배는 벌써 항구를 떠난 뒤였거든. 상인은 비통하게 울부짖었어.

하지만 너무 안타까워하지는 마. 이야기는 아직 끝나지 않았거든. 하두강의 배는 그리 멀리 가지 못했어. 바다로 나아간 배는 좀처럼 앞으로 나가지 못하고 계속해서 같은 곳만 맴돌았어.

다른 배들은 아무 문제가 없는데 하두강의 배만 그랬지. 선원들이 모여서 수군거렸어. 그중 나이 많은 선원이 하두강에게 와 이렇게 말했어.

"제가 점을 칠 줄 압니다. 점을 쳤더니 배를 움직일 방법이 하나 나오기는 했습니다."

하두강이 물었어.

"무슨 방법이오?"

"고려 여인을 돌려보내면 됩니다."

하두강은 그 방법이 마음에 들지 않았어. 그래서 이렇게 대꾸했어.

"알겠소. 그런데 배가 움직이지 않는데 무슨 수로

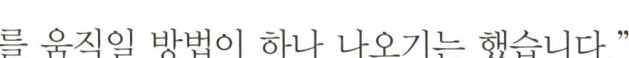

여인을 돌려보낸단 말이오?"

하두강의 말이 끝나기 무섭게 배가 움직이기 시작했어. 하두강의 말을 듣기라도 한 것처럼 배가 벽란도를 향해 움직였어.

항구에 주저앉아 있던 상인의 눈에 하두강의 배가 보였어. 상인은 깜짝 놀라 자리에서 일어났어. 배는 항구에 도착해 상인의 아내를 내려 주고 떠났지.

상인은 아내 앞에 무릎을 꿇었어.

"내가 잘못했소."

아내는 대답 대신 노래만 불렀어. 그 노래가 얼마나 슬펐던지 주위 사람들도 다 눈물을 흘리고 말았다지.

이것으로 이야기는 끝이야. 아쉽게도 그 노래의 내용이 지금은 전해지지 않아.

이것이 바로 바둑 때문에 아내를 잃을 뻔했던 고려 사람의 이야기란다.

이번 바둑 이야기도 조금은 무섭지?

이야기 속 역사 읽기

벽란도는 국제 상인이 드나드는 국제항이었어

> 당나라의 상인 하두강이란 이가 있었는데 바둑을 잘 두었다. 예성강에 이르러 아름다운 부인을 보고 바둑을 두어 얻고자 했다. 그 남편과 바둑을 두어 거짓으로 이기지 않고 거는 물건을 갑절로 하였더니, 그 남편이 이익을 취하고자 아내를 내놓았다. 하두강이 단번에 이긴 후 아내를 배에 싣고 떠나 버리자, 남편이 한탄하여 이 노래를 지었다.
>
> 『고려사』 중에서

바둑 이야기를 실컷 하기는 했지만 사실 내가 너희들에게 이야기하고 싶은 건 따로 있어. 그건 바로 벽란도야.

벽란도 벽란도의 도는 '섬'이라는 뜻이 아니라 '나루'라는 뜻이에요. 따라서 벽란도는 예성강 하구에 자리 잡은 나루터 이름이지요.

고려 시대의 벽란도는 오늘날로 치면 국제항이었어. 무슨 말이냐 하면 오늘날로 치면 부산항 정도 되었다는 뜻이야. 오늘날 부산항을 통해 우리나라 물건을 수출하고 외국의 물건을 수입하듯, 고려 시대 벽란도도 비단이나 유리그릇을 갖고 와서 인삼이나 도자기, 종이로 바꿔 가려는 외국 상인들로 붐볐다는 말이지.

이때 벽란도에는 중국의 송나라는 물론, 일본, 동남아시아, 멀리로는 아라비아(그 당시는 '대식국'이라 불렀대!)의 상인들까지 드나들었다고 해.

물론 그중에서도 송나라 사람들이 가장 많이 드나들었지. 이는 예성강이라는 이름에도 잘 나타나 있어. 송나라 사신들이 들어올 때 '예절을 갖춰 영접하는 강'이라는 뜻으로 예성강이라 부른 것이니까.

왜 외국 상인들이 벽란도까지 왔을까?

외국 상인들은 왜 벽란도까지 와서 고려의 물건을 가져가려고 했을까? 그건 고려의 물건이 매우 우수하다고 소문이 났기 때문이야.

중국 황실에서도 귀하게 여겼다는 고려의 푸른 청자며, 약효가 뛰어나 널리 명성을 떨치고 있었던 고려 인삼, 질기고 부드럽기 그지없어 중국의 학자들이 보물처럼 아꼈던 고려 종이까지, 품질 좋은 물건들이 그득했으니, 외국 상인들이 벽란도까지 올 수밖에 없었겠지?

이 이야기는 과연 실제로 있었던 일일까?

너희들한테 미리 말하자면 이 이야기는 사실 노래에서 나왔단다. 「예성강곡」이란 노래의 배경이 되는 게 바로 이 이야기야. 옛날 노래는 다 만들어진 이유가 있단다. 그 말이 무슨 뜻이냐 하면 「예성강곡」의 배경이 되는 이 이야기는 실제로 일어났던 일일 가능성이 꽤 높다는 뜻이야.

「예성강곡」은 사연만 전해질 뿐 노래는 전해지지 않아. 하지만 이 사연을 통해 우리는 국제항으로서의 명성을 누렸던 벽란도의 모습뿐만 아니라, 항구가 번성하면서 생긴 문제들 또한 잘 살펴볼 수 있지. 좋은 게 있으면 나쁜 것도 있는 법이야.

참, 한 가지 더. 여기에서 재미있는 것은 하두강이라는 이름이야. 무슨 말이냐 하면 하두강은 사실 상인의 이름이 아니야. 두강은 상인 집단의 우두머리를 말하는 것이거든. 하씨 성을 지닌 상인의 우두머리란 뜻이지.

> **생각하는 역사왕**
> - 고려 상인은 왜 하두강과 내기 바둑을 두었을까?

네 번째 이야기

조선 제일의 바둑 고수는 누구?

조선

너희들, 앞의 이야기를 읽으면서 이상한 점을 한 가지
발견했을 거야. 사람들은 바둑을 그냥 두는 법이 없어.
무슨 말이냐 하면 꼭 바둑을 두면서 내기를 하는 거야.
사실 바둑은 그냥 두어도 재미있는 놀이란다.
하지만 어른들은 이상하게도 그 재미있는 걸 하면서
내기를 하지.
그렇다면 조선 시대에는 어땠을까?
다른 시절보다 훨씬 엄격했던 조선 시대에는
내기를 하지 않았을까? 그렇지는 않단다.
조선 사람들 또한 내기 바둑을 참 많이도 두었단다.
이번 이야기는 지금으로부터 이삼백 년 전,
그러니까 조선 후기 때의 이야기야.

정운창(?~?년)
조선의 바둑 고수

김종귀(?~?년)
조선의 바둑 고수

조선 시대의 일이야. 전라도 보성에 사는 정운창이라는 사람이 바둑을 무척 잘 두었어. 어려서부터 그랬던 건 아니었어. 원래 정운창은 바둑돌이 흰지 검은지, 어떻게 바둑돌을 따는지도 모르는 사람이었지. 하지만 사촌 형에게서 바둑을 배운 뒤, 세상에 이렇게 재미있는 걸 왜 여태 몰랐던가 하고 탄식할 만큼 바둑에 푹 빠졌지.

　그 뒤로 정운창은 먹는 것도 잊고 자는 것도 잊고 바둑 공부만 했어. 하도 바둑판만 봐서 사람들의 얼굴도 바둑판으로 보이고, 하늘도 나무도 다 바둑판으로만 보일 정도였지.

그러던 어느 날, 정운창은 봇짐을 메고 길을 나섰어. 사촌 형에게만 이렇게 말했지.

"이제 때가 되었소."

그러고는 곧장 한양으로 향했어.

한양에 도착한 정운창은 바둑 잘 두기로 소문난 이들을 찾아다니며 승부를 벌였어. 결과는 좀 싱거웠어. 정운창은 잘 두기로 소문난 이들을 별로 힘도 들이지 않고 쉽게 이겼거든. 바둑을 두기만 하면 제꺽제꺽 이겨 나갔지.

이제 남은 고수는 단 한 명뿐이었어. 그 고수의 이

름은 바로 김종귀였지.

그런데 그 김종귀를 만나기가 쉽지 않았어. 이유가 있었지. 그즈음 김종귀는 감사를 따라 평양에 가 있었거든.

정운창은 며칠 지나면 오겠거니 하며 김종귀를 기다렸어. 하지만 열흘이 지나도, 스무 날이 지나도 김종귀는 좀처럼 돌아오지 않았어. 사람들은 정운창에게 질까 봐 일부러 안 오는 거라며 수군거렸지.

그래서 정운창은 생각을 바꿨어. 김종귀를 찾아 자신이 평양으로 가기로 한 거지.

감사 조선 시대 각 도의 으뜸 벼슬을 말해요. 오늘날의 도지사라고 할 수 있어요.

평양에 도착한 정운창은 **평양 감영**으로 가 **아전**에게 말했어.

"김종귀를 만나러 왔습니다."

아전은 정운창을 위아래로 훑어보았어. 옷은 허름했고 용모는 볼품없었고 게다가 먼 길을 온 탓에 먼지까지 폴폴 날렸어. 더 큰 문제는 아전이 감사는 알아도 김종귀가 누구인지는 몰랐다는 거야. 그래서 이렇게 대답했지.

"그런 사람 없다."

정운창은 고개를 끄덕이곤 돌아갔어. 하지만 다음 날 정운창은 다시 아전을 찾아와 또 물었어. 아전이 똑같은 대답을 하자, 정운창은 이

평양 감영 평안도 감사가 일을 보던 관청을 말해요.
아전 조선 시대 각 관아의 벼슬아치 밑에서 일을 보던 하급 관리를 말해요.

번에도 고개를 끄덕이곤 돌아갔지. 하지만 그 다음 날 정운창은 또다시 아전을 찾아왔어. 똑같은 질문을 받은 아전이 똑같은 대답을 하자, 정운창은 하늘을 보며 탄식했어.

"어렵사리 여기까지 왔는데 상대를 만나지도 못하고 돌아가야 한단 말인가?"

그 말을 들은 아전은 아무래도 무슨 사연이 있다

는 생각이 들었지. 그래서 정운창에게 기다리라고 말하곤 감사에게 보고를 했어. 이야기를 전해들은 감사는 당장 흥미를 느껴 정운창을 불러들였어. 정운창을 본 감사가 이렇게 물었지.

"김종귀를 보러 온 걸 보니, 둘이 잘 아는 사이인가?"

"아닙니다. 김종귀가 바둑을 잘 둔다는 소문을 듣고 같이 한 번 두어 보기 위해 찾아온 것입니다."

감사는 잠깐 생각하는 척하다 말했어.

"아쉽게도 김종귀는 여기에 없다네. 대신 김종귀만큼은 아니지만 바둑을 꽤 잘 두는 이가 있다네. 아쉬운 대로 그 사람과 먼저 두어 보겠나?"

바둑을 두어 보라는 말을 거절할 정운창이 아니었

지. 정운창은 큰 소리로 답했어.

"좋습니다."

잠시 뒤, 한 남자가 나타났어.

"이 사람이 김종귀와 바둑을 두고 싶어 여기까지 찾아왔다네. 그런데 김종귀가 없으니 자네가 대신 두게나."

감사는 남자에게 사연을 전하면서 눈을 찡긋했어. 남자는 알았다는 듯 살짝 웃으며 대답했지.

"좋습니다. 한번 두어 보겠습니다."

마침내 바둑이 시작되었어. 처음 바둑을 둘 때 정운창은 바둑판에 몸을 붙이다시피 바짝 앉아 바둑을 두었고, 남자는 몸을 젖힌 채 여유로운 모습으로 바둑을 두었어.

조금 지나자 두 사람의 모습이 바뀌었어. 남자의 입에서는 끙끙 소리가 났고 몸은 바둑판에 닿을 듯했지. 정운창은 몸을 젖힌 채 노래를 읊조리다가 가끔은 하품도 했어.

지켜보던 감사가 남자에게 한마디 했지.

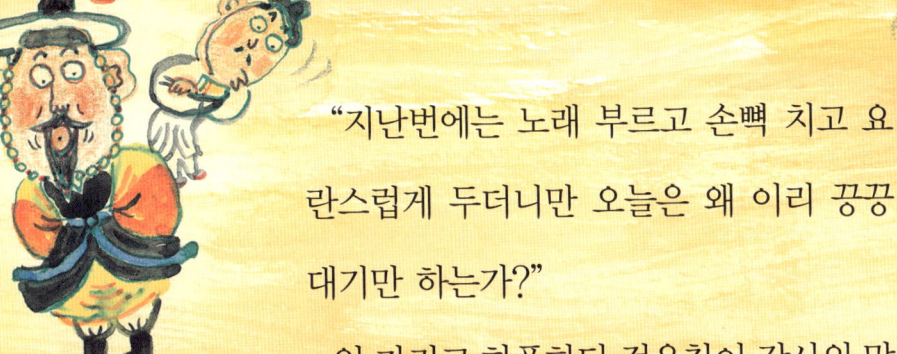

"지난번에는 노래 부르고 손뼉 치고 요란스럽게 두더니만 오늘은 왜 이리 끙끙대기만 하는가?"

입 가리고 하품하던 정운창이 감사의 말을 거들었어.

"힘드시면 조금 쉬었다 해도 됩니다. 그건 그렇고 댁은 김종귀에 비하면 어느 정도 수준입니까?"

김종귀라는 이름이 나오자 남자의 얼굴이 잔뜩 붉어졌어.

정운창은 감사에게 말했어.

"아무래도 이분은 제 상대가 아닌 것 같습니다. 김종귀는 언제쯤 만날 수 있을까요?"

감사는 큰 소리로 웃음을 터트렸어.

"자네와 바둑 두고 있는 사람이 바로 김종귀일세."

"예?"

감사가 정운창을 놀려 주려고 김종귀에게 다른 사람인 척 바둑을 두게 했던 것이지. 그런데 오히려 김종귀가 지고 만 거야.

부끄러움을 느낀 김종귀가 고개를 푹 숙이자, 감사는 정운창의 승리를 선언했지. 그러고는 선물로 백금 이십 냥을 주었어.

그날의 승부 이후 두 사람의 입장은 바뀌었어. 정운창이 나타나면 사람들은 함성을 질렀어.

김종귀가 나타나면 사람들의 반응은 영 뜨뜻미지근했지.

 이야기는 아직 끝이 아니란다. 그러던 어느 날 김종귀가 정운창을 집으로 초대했어. 정운창은 바둑을 두고 싶은가 보다 생각하고, 김종귀를 찾아갔지. 하지만 바둑판은 보이지도 않았어. 김종귀는 정운창에게 한상 떡 벌어지게 차린 음식을 권하며 이렇게 말했어.

"내 부탁을 하나 하고 싶은데 괜찮겠나?"

"괜찮고말고요."

"얼마 전까지만 해도 이 조선에서는 바둑으로 나에게 이길 사람이 없었네. 덕분에 바둑 하나로 잘 먹고 잘살 수 있었지. 요즈음은 사정이 다르다네. 자네에게 진 뒤로는 아무도 나를 부르지 않는다네."

정운창은 그 순간 자기도 모르게 "아!" 하고 탄식했어. 사실 정운창은 김종귀가 그런 상황인 줄은 짐작도 못 했거든. 그저 원하는 바둑을 마음껏 둘 수 있어서 기분이 좋기만 했거든.

정운창은 고기를 씹었어. 이상하게 고기에서 쓴맛이 나는 것 같았지. 정운창은 젓가락을 내려놓고 이렇게 말했어.

"더 말씀해 보시지요."

"아주 가끔씩만 내게 양보를 해 주었으면 하네. 열에 한두 번 정도만 말일세."

열에 한두 번! 한때 여유롭기만 했던 김종귀의 표정이 정말로 절박해 보였지.

정운창은 김종귀의 손을 잡으며 이렇게 말했어.

"알겠습니다."

정운창은 약속을 지켰어. 바둑을 두다 김종귀와 마주치면 슬며시 자리를 떠났지. 어쩔 수 없이 바둑을 두어야 할 때면 일부러 실수를 해서 져 주었고.

사람들은 그럴 때마다 "아직 김종귀가 더 세구나." 하는 말들을 나누었어. 그 말을 듣고도 정운창은 아무 말도 하지 않았지. 물론 김종귀도 아무 말 하지 않기는 마찬가지였지.

　이것이 바로 바둑 고수로 이름을 날렸던 정운창의 이야기란다. 어때? 조금은 알쏭달쏭한 이야기이지?

이야기 속 역사 읽기

조선 시대 바둑 고수는 슈퍼스타였을까?

> 김종귀는 땀이 흘러 이마를 적셨지만 정운창을 당해 낼 수 없었다. 세 판을 지자 뒷간에 가려고 일어서며 정운창에게 따라오라고 눈짓을 했다. 한참 있다 들어와 둘이 바둑을 두는데 정운창이 가끔 실수를 했다. 왜 그랬느냐 하면 김종귀가 빌었기 때문이다.
>
> 「정운창전」 중에서

정운창 이야기는 여기저기에 참 많이도 나온단다. 이옥이라는 사람이 쓴 『정운창전』에도 나오고 이서구라는 사람이 쓴 『기객소전』에도 나와. 이서구는 젊은 시절에 정운창을 직접 만난 적도 있대.

이옥, 이서구는 글 잘 쓰기로 유명한 사람들이야. 그런 사람들이 정운창 이야기에 많은 관심을 보인 이유는 뭘까? 정운창의 바둑 실력이 그만큼 뛰어났기 때문이라고 생각해.

너희들도 그렇지 않니? 게임을 아주 잘하는 프로 게이머나 운동을 아주 잘하는 스포츠 스타를 보면 그 사람을 만나 보고 싶고 그 사람에 대한 이야기도 써 보고 싶잖아? 이옥과 이서구도 아마 그랬던 것 같아.

여기에 한 가지 더. 조선 사람들은 요즘 사람들이 게임이나 스포츠를 좋아하듯이 바둑을 좋아했어. 이야기를 보면 정운창과 김종귀를 고수라고 깍듯하게 대해 주는 걸 볼 수 있지? 만약 바둑이 노름이나 도둑질처럼 천대 받는 놀이였다면, 바둑 고수들을 인정하고 존대해 줄 이유가 없겠지?

조선 사람들은 바둑에 홀딱 빠져 있었어

사실 조선은 바둑 두는 걸 그리 반기지 않은 나라였어. 『조선왕조실록』에 보면 근무 시간에 바둑을 두었다가 쫓겨난 사람들 이야기가 여러 번 나온단다. 심지어는 임금님인 광해군이 후궁과 바둑을 두어서 사람들에게 욕을 먹었다는 이야기까지 나오지. 하지만 신하들이 임금님에게 올린 문서를 보면 바둑에 관한 표현이 굉장히 많이 나와.

'고을들이 바둑알처럼 이어져 있는데', '별처럼 흩어져 있고 바둑판처럼 펼쳐져 있어서', '나라의 형세가 위태로워 쌓아 올린 바둑돌로도 비유할 수 없습니다.' 같이 바둑에 빗댄 표현이 너무 많아 다 나열하기도 힘들 정도야.

무슨 말이냐 하면 조선 사람들도 신라, 고구려, 백제, 고려 사람들처럼 바둑을 무척 좋아했다는 뜻이야. 겉으로는 별로 안 좋은 척했지만 속으로는 바둑을 아주 좋아했다는 뜻이야. 그러니 그런 바둑의 최강자인 정운창 이야기가 여기저기 많이 나올 수밖에 없지.

바둑 고수는 먹고살기 고달팠어

마지막으로 한 가지 더. 조선에서 바둑 잘 두는 사람들은 이

전 시대 사람들과는 좀 달랐어. 바둑을 두어서 먹고살았지. 요즈음 말로 하면 프로 기사들이었던 거야.

하지만 요즈음의 기사들처럼 돈을 많이 벌지는 못했어. 바둑을 잘 둘 때는 인기를 끌었지만 실력이 처지면 쫓겨나다시피 했으니까. 조선 시대 바둑 잘 두는 사람들은 사는 게 쉽지 않았다는 뜻이지. 오죽했으면 김종귀가 정운창을 붙잡고 사정을 했겠어?

겉으로 보기에는 화려했지만 자세히 살펴보면 살기 위해 애를 써야 하는 모습들이 보이지. 예나 지금이나 먹고사는 일은 결코 쉬운 게 아니라는 말씀!

생각하는 역사왕
- 김종귀는 왜 정운창에게 양보를 해 달라고 했을까?

역사 이야기를 좋아하는 아이들만 보는 역사 퀴즈

맞으면 O, 틀리면 X를 써 보아요.

1. 개로왕은 도림이 고구려 사람인 줄 몰랐다. ( )

2. 개로왕은 도림의 말을 들은 것을 후회했다. ( )

3. 효성왕은 신충보다 바둑을 훨씬 잘 두었다. ( )

4. 신충은 효성왕을 원망하는 노래를 지었다. ( )

5. 하두강은 일본 사람이었다. ( )

6. 벽란도는 예성강에 있었다. ( )

7. 정운창은 김종귀를 만나러 평양까지 갔다. ( )

8. 김종귀는 정운창에게 바둑을 둘 때 좀 져 달라고 했다.

( )

정답은 뒤쪽에 있어요.

엄마 아빠도 알고 있을까요? 한번 물어봐요!

아직도 역사 공부가 더 하고 싶다면

1. 정창원에 있다는 백제 바둑판에 대해 조사해 보자.

2. '바둑 두느라 도끼 자루 썩는 줄 모른다.'는 속담이 있다. 속담의 뜻을 알아보고 바둑과 관련된 또 다른 속담도 조사해 보자.

3. 사람들은 '포석', '대마' 같은 바둑 용어를 많이 쓴다. 사람들이 많이 쓰는 바둑 용어를 찾아보고 뜻도 써 보자.

4. 바둑을 한번 배워 보자.

역사 용어 풀이

감사 조선 시대 각 도의 으뜸 벼슬을 말해요. 관찰사라고도 하며, 각 도를 다스리고 재판관 역할을 하고 군대를 움직였지요. 조선 시대에는 조선 8도에 파견되는 8명의 감사가 있었어요.

국수 한 나라에서 바둑을 가장 잘 두는 사람을 부르는 말이에요. 바둑의 일인자라고 할 수 있지요.

노래 신충이 부른 노래의 제목은 「원가」예요. 원망하는 노래라는 뜻이지요. 「원가」처럼 신라 시대에 향찰로 적힌 노래를 향가라고 해요.

벽란도 벽란도의 도는 '섬'이라는 뜻이 아니라 '나루'라는 뜻이에요. 따라서 벽란도는 예성강 하구에 자리 잡은 나루터 이름이지요. 고려 시대에 유명한 국제 항구였어요.

『삼국사기』 고려 인종 때 김부식이 왕명에 따라 펴낸 역사책이에요. 『삼국유사』와 더불어 우리나라에서 현재 전하는 역사책 중 가장 오래된 역사책이에요.

『삼국유사』 고려 충렬왕 때 보각국사 일연이 신라, 고구려, 백제 시대에 있었던 일들을 모아 지은 역사책이에요.

선왕 지금 임금님 전의 임금님을 부르는 말이에요. 여기에서는 개로왕의 아버지였던 비유왕을 말해요.

역사 용어가 어렵다고요? 보고 보고 또 보면 역사 용어와 친해질 수 있어요. 역사 용어를 알면
역사 이야기가 한층 더 흥미진진해지지요. 우리 함께 보면 볼수록 재미있는 역사 용어를 살펴볼까요?

아전 조선 시대에 각 관아의 벼슬아치 밑에서 일을 보던 하급 관리를 말해요. 벼슬아치들을 보조하면서 주로 실무를 담당했어요.

평양 감영 평안도 감사가 일을 보던 관청을 말해요. 충청도는 공주에, 경상도는 대구에, 함경도는 영흥에, 경기도는 한양에, 전라도는 전주에, 황해도는 해주에, 강원도는 원주에, 평안도는 평양에 각각 감영이 있었어요.

웅진 오늘날의 공주 지역이에요. 이곳에 가면 백제에 관련된 역사관과 박물관을 만나 볼 수 있어요.

인삼 우리나라에서 생산되는 약재로, 약효가 뛰어나 일찍부터 여러 나라에 수출되었어요. 특히 교역이 발달했던 고려 시대에 많이 수출되면서 '고려 인삼'으로 유명해졌지요.

한성 오늘날의 몽촌토성 근처로 추정해요. 몽촌토성 근처에서 백제 시대 유물이 많이 출토되었어요.

『조선왕조실록』 조선 태조로부터 철종에 이르기까지 472년간의 역사를 기록한 역사책이에요. 『고종실록』과 『순종실록』도 있지만, 일본의 간섭을 받으며 편찬되었어요. 그래서 보통 『조선왕조실록』에는 포함시키지 않아요.)

100쪽 역사 퀴즈 정답
1. X 2. ○ 3. X
4. ○ 5. X 6. ○
7. ○ 8. ○

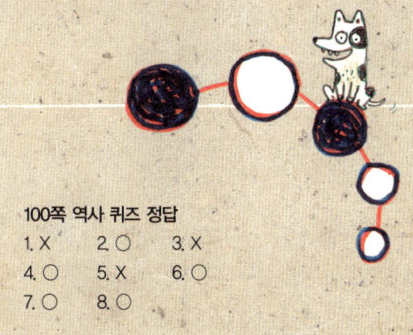

국립중앙도서관 출판예정도서목록(CIP)

돌 하나에 웃었다 울었다 역사 속 바둑 이야기
/ 글 : 설흔 ; 그림 : 최미란. -- 고양 : 위즈덤하우스, 2016
      p. ,   cm. -- (이야기 역사왕 ; 7)

ISBN 978-89-6247-731-3 74900 : ₩9500
ISBN 978-89-6247-478-7(세트) 74900

역사[歷史]
911-KDC6   CIP2016006695

돌 하나에 웃었다 울었다 역사 속 바둑 이야기

초판 1쇄 발행 2016년 3월 25일 | 초판 2쇄 발행 2016년 12월 15일

글 설흔 | **그림** 최미란
펴낸이 연준혁 | **스콜라 부문대표** 황현숙

8분사 편집장 최순영 | **편집1팀** 김민정 | **디자인** 달·리크리에이티브
펴낸곳 ㈜위즈덤하우스 | **출판등록** 2000년 5월 23일 제13-1071호
주소 경기도 고양시 일산동구 정발산로 43-20 센트럴프라자 6층
전화 (031) 936-4000 | **팩스** (031) 903-3891
홈페이지 www.wisdomhouse.co.kr | **전자우편** scola@wisdomhouse.co.kr
스콜라카페 cafe.naver.com/scola1

ⓒ 설흔, 최미란 2016
ISBN 978-89-6247-731-3 74900   978-89-6247-478-7(세트)

저작권법에 의해 한국 내에서 보호를 받는 저작물이므로 무단 전재와 복제를 금합니다.
이 책 내용의 전부 또는 일부를 이용하려면 반드시 저작권자와 ㈜위즈덤하우스의 동의를 받아야 합니다.
* 잘못된 책은 바꿔 드립니다.   * 책값은 뒤표지에 있습니다.

스콜라는 ㈜위즈덤하우스의 아동·청소년 브랜드입니다.